L'INSTRUCTION PRIMAIRE

DANS

LE DÉPARTEMENT DU LOT

PENDANT

LA RÉVOLUTION FRANÇAISE

(1789 A L'AN VIII)

PAR L. COMBARIEU

Archiviste départemental

CAHORS

J. GIRMA, LIBRAIRE-ÉDITEUR

—

1882

L'INSTRUCTION PRIMAIRE

DANS LE DÉPARTEMENT DU LOT

DE 1789 A L'AN VIII

EXTRAIT

DU

RÉFORMATEUR DU LOT

Nos 1120-1136 (1882)

TIRÉ A CENT-CINQUANTE EXEMPLAIRES

CAHORS, IMP. F. DELPÉRIER

L'INSTRUCTION PRIMAIRE

DANS

LE DÉPARTEMENT DU LOT

PENDANT

LA RÉVOLUTION FRANÇAISE

(1789 A L'AN VIII)

PAR L. COMBARIEU

Archiviste départemental

CAHORS

J. GIRMA, LIBRAIRE-ÉDITEUR

—

1882

AVANT-PROPOS

Au moment où le Gouvernement de la République s'efforce d'améliorer notre instruction primaire, au moment où le Parlement accorde sans compter tous les crédits nécessaires pour réaliser cette amélioration, au moment enfin où le Pays suit avec le plus haut intérêt les progrès de l'éducation nationale, il nous a paru intéressant d'exhumer de nos archives quelques documents propres à jeter un certain jour sur les débuts, dans notre département, des écoles primaires, cette branche si importante de l'Instruction publique.

Ces conditions défavorables expliquent facilement la rareté des écoles dans notre ancien Quercy et l'ignorance absolue dans laquelle vivait la presque totalité des habitants de nos campagnes avant 1789.

Les hommes de la Révolution comprirent bientôt l'importance de l'instruction primaire et, dès le 12 décembre 1792, nous voyons rendre le décret sui-

---

poises. Cette dernière institution, particulière à l'ancienne province du Quercy, avait été fondée par Nicolas de Sevin, évêque de Cahors, de 1660 à 1670. On lit dans les statuts de cette institution :

« Les maisons destinées à l'instruction des jeunes filles seront nommées les *Escholles chretiennes* et les personnes qui prendront soin de les instruire les *filles de l'escole chretienne*.

» Leurs principaux employs seront d'enseigner gratuitement la doctrine chrétienne aux jeunes filles et principalement aux pauvres ; les disposer à se confesser et à faire leur première communion, leur monstrer à lire et à escrire, à travailler pour gaigner leur vie, et autres choses convenables à leur sexe et condition. Elles formeront aussi des maistresses d'escole pour les répandre dans les autres villes et bourgs de la campagne ; fairont faire des retraites aux personnes de leur sexe qui désirent se recueillir pendant quelque temps et recevront des pensionnaires pour les élever dans les maximes de la vie chrétienne.

» Les personnes unies pour faire lesdites escoles seront et demeureront séculières, vivant toujours dans leur habit séculier, sans qu'elles puissent jamais se lier entre elles, ni s'engager à la communauté ou à la closture par aucuns vœux communs, le tout sous nôtre authorité et jurisdiction et celle de nos successeurs, évesques de Caors, pour la direction de leurs personnes et la conduite spirituelle et temporelle de leurs maisons. »

vant par les membres de la Convention nationale :

> Les écoles *primaires* formeront le premier degré d'instruction : on y enseignera les connoissances rigoureusement nécessaires à tous les citoyens. Les personnes chargées de l'enseignement dans ces écoles, s'appelleront *instituteurs*.

Tel est le point de départ de l'organisation de l'enseignement primaire en France ; nous allons présenter successivement au lecteur les documents, sur l'instruction. les plus importants émanés du Pouvoir central et des administration et municipalités du Lot ; la lecture de ces documents permettra d'étudier la marche suivie dans notre département pour arriver à cette organisation.

Le décret du 12 décembre 1792 qui n'indiquait encore rien de précis fut suivi, le 30 mai 1793, d'un second décret ainsi conçu :

> La Convention nationale, après avoir entendu le rapport du comité de salut public, décrète ce qui suit :
>
> Art. 1er — Il y aura une école primaire dans tous les lieux qui ont depuis 400 jusqu'à 1500 individus.

Cette école pourra servir pour toutes les habitations moins peuplées, qui ne seront pas éloignées de plus de mille toises.

Art. 2. — Il y aura, dans chacune de ces écoles, un instituteur chargé d'enseigner aux élèves les connoissances élémentaires nécessaires aux citoyens pour exercer leurs droits, remplir leurs devoirs et administrer leurs affaires domestiques.

Art. 3. — Le comité d'instruction publique présentera le mode proportionnel pour les communes plus peuplées et pour les villes.

Art. 4. — Les instituteurs seront chargés de faire aux citoyens de tout âge, de l'un et de l'autre sexe, des lectures et des instructions une fois par semaine.

Art. 5. — Le projet de décret présenté par le comité d'instruction publique sera mis à l'ordre du jour irrévocablement tous les jeudis.

La Convention nationale fut plus explicite encore, et le 30 vendémiaire an II, elle décida :

Art. 1er. — Il y a des premières écoles distribuées dans toute la République à raison de la population.

Art. 2. — Les enfans reçoivent dans ces écoles la première éducation physique, morale et intellectuelle la plus propre à développer en eux les mœurs républicaines, l'amour de la patrie et le goût du travail.

Art. 3. — Ils apprennent à parler, lire et écrire la langue française.

On leur fait connoître les traits de vertus qui honorent le plus les hommes libres, et particulièrement les traits de la révolution française les plus propres à leur élever l'âme et à les rendre dignes de la liberté et de l'égalité.

Ils acquièrent quelques notions géographiques de la France.

La connoissance des droits et des devoirs de l'homme et du citoyen est mise à leur portée par des exemples et par leur propre expérience.

On leur donne les premières notions des objets naturels qui les environnent, et de l'action naturelle des élémens.

Ils s'exercent à l'usage des nombres, du compas, du niveau, des poids et mesures, du levier, de la poulie et de la mesure du temps.

On les rend souvent témoins des travaux champêtres et des ateliers ; ils y prennent part autant que leur âge le permet.

Art. 4. — Il y a une première école par commune dont la population est de 400 à 1500 habitans des deux sexes et de tout âge.

Art. 5. — Sur la demande des habitans et l'avis des corps administratifs, il peut être établi une première école dans les lieux qui n'ont pas la population exigée par l'article précédent, pourvu que cette population se trouve dans l'arrondissement de mille toises de rayon, et que dans cet arrondissement il n'y ait pas d'autres écoles.

Art. 6. — Pour déterminer le nombre et la distribution des premières écoles dans les communes plus peuplées, on suit la progression suivante :

Depuis	400	jusqu'à	1500	habitans	1 école.
	1500		3000		2
	3000		6000		4
	6000		8000		5
	8000		10000		6
	10000		12000		7
	12000		14000		8

....

Art. 7. — L'exécution de l'article précédent est confiée aux corps administratifs qui se concertent à cet effet avec les conseils généraux des communes.

Art. 8. — Le comité d'instruction publique est chargé de prendre toutes les mesures nécessaires pour faire composer promptement les livres élémentaires propres aux premières écoles.

Le 9 brumaire suivant, nouveau décret de la Convention ordonnant que « si, un mois après que la commission d'éducation aura arrêté l'emplacement et les dispositions de la maison d'une école nationale, la commune n'en a pas commencé l'exécution, les corps administratifs seront chargés d'y pourvoir, au défaut de la commune, et à ses frais, à prendre sur les sols additionnels. »

La Convention rendit encore pendant l'an II plusieurs décrets sur l'instruction, parmi lesquels nous citerons le décret du 29 frimaire sur l'organisation de l'instruction publique et celui du 4 ventôse touchant le mode de paiement des instituteurs des petites écoles.

L'article 4 de ce dernier décret disposait que les salaires des instituteurs ou des institutrices des écoles primaires qui ne seraient point organisées conformément à la loi, seraient acquittés sur les biens des administrateurs chargés de l'exécution de ladite loi.

Ces décrets furent suivis, le 28 brumaire an II, d'un arrêté du comité d'instruction publique et d'une circulaire de la commission exécutive dans laquelle étaient développés les motifs qui devaient porter tous les citoyens à concourir à l'exécution des lois sur l'instruction primaire, en montrant les heureux résultats qui devaient en découler.

Nous n'hésitons pas à reproduire ces deux pièces.

EXTRAIT DU REGISTRE DES DÉLIBÉRATIONS

DU COMITÉ D'INSTRUCTION PUBLIQUE

Ce 28 Brumaire, l'an troisième de la République française, une et indivisible

Un membre fait un rapport sur les écoles primaires, et sur sa proposition, le comité arrête ce qui suit :

ARTICLE PREMIER

Dans un mois, pour tout délai, la commission exécutive de l'instruction publique rendra compte, par écrit, de l'exécution de la loi d'organisation des écoles primaires dans toute la République.

ART. II.

Ce compte sera divisé en cinq colonnes ;

La première comprendra :

1° Le nom des communes où les écoles primaires seront en activité.

2° L'époque de la formation de chaque jury.

3° Celle de la nomination des instituteurs et des institutrices.

La seconde colonne contiendra :

1° Les noms des communes où les écoles primaires n'existeroient pas encore.

2° L'exposé succinct des raisons qui auroient empêché leur établissement.

3° Les noms des citoyens qui, appelés par les administrateurs de district aux fonctions de *Juré* d'instruction, auroient refusé cette honorable mission.

4° L'exposé des motifs de leur refus.

La troisième colonne sera employée à présenter l'état sommaire des demandes des administrations, pour l'établissement des écoles primaires, dans les lieux où la population très-dispersée rendroit dangereux ou trop pénible le déplacement des élèves.

Dans la quatrième colonne seront présentées les demandes motivées des administrations, tendantes à obtenir des édifices nationaux, pour servir à l'instruction primaire dans les communes où il n'existeroit pas de presbytère à la disposition de la Nation.

La cinquième colonne sera consacrée aux observations particulières, qu'on jugera utiles à l'amélioration de l'établissement des écoles primaires.

ART. III.

Immédiatement après la remise au comité du compte ci-dessus, il sera fait un rapport général à la Convention pour désigner à la reconnoissance nationale les administrations et les jurys d'instruction qui auront pressé, avec une sollicitude paternelle, l'établissement des écoles primaires dans leur arrondissement, et pour dénoncer à l'opinion publique les administrations qui auroient apporté des lenteurs coupables à l'exécution de cette bienfaisante loi.

La commission d'Instruction publique demeure chargée de l'exécution du présent arrêté.

Signé au Registre, CHENIER, BARAILON, PLAICHARD, MAZADE, MASSIEU.

Pour copie conforme,
GARAT, GINGUENÉ, CLÉMENT-DE-RIS.

LA COMMISSION EXÉCUTIVE
DE L'INSTRUCTION PUBLIQUE
AUX DIRECTOIRES DES DISTRICTS
DE LA RÉPUBLIQUE FRANÇAISE

Enfin il est décidé que l'ignorance et la barbarie n'auront pas les triomphes qu'elles s'étoient promis ! Enfin il est décidé que la République aura des écoles primaires ! Le plan d'instruction le plus vaste qui ait jamais été adopté par les Législateurs d'une grande nation vient d'être décrété par les Législateurs de la France ; et vous êtes appelés à son exécution. C'est vous qui devez nommer ceux qui nommeront les instituteurs et qui administreront les Ecoles. C'est de vos choix que tout va dépendre. Selon que vous aurez de la sagesse ou que vous en manquerez, une grande source de lumière va se répandre sur tous les esprits pour les éclairer et pour les fertiliser tous, ou un peuple de républicains va s'égarer et se débattre encore long-tems dans les ténèbres où s'endormaient les esclaves d'un monarque. La mission dont vous êtes chargés est si grande qu'elle doit étendre les vues de votre esprit ; elle est si sacrée qu'elle doit porter de nouvelles vertus dans vos ames. En élisant les membres du jury d'instruction, il ne se présentera pas à vous l'idée que tel est votre parent, que tel est votre ami. Vous songerez à l'homme qui par ses lumières est le plus capable de juger celles des autres, à l'homme, qui par la pureté de ses mœurs et de son patriotisme est le plus digne de régir une administration, dont l'objet est de donner de nouvelles mœurs et de nouvelles idées à tous les enfans d'une République naissante.

Les intérêts de famille, les prédilections de l'amitié sont des espèces de vertus sous le despotisme où il ne peut y en avoir d'autres. Dans une République, c'est la trahir que de consulter d'autres intérêts que les siens ; c'est perdre encore les vrais moyens de son bonheur personnel et du bonheur de ce que l'on aime ; car plus on enrichit, plus on féconde par des sacrifices bien entendus la source commune des félicités d'une république et plus chacun, avec tout ce qui lui est cher, peut y puiser ensuite en abondance.

Vos élections placeront donc auprès des écoles primaires et auprès de vous, des jurys d'instruction, composés des citoyens les plus recommandés par ces connoissances acquises qui ajoutent au bon sens, par cette probité qui garantit la réalité du patriotisme, par cette sagesse qui doit toujours diriger le grand essor des ames républicaines.

Un jury d'instruction ne doit pas être moins saint et moins auguste qu'un jury de jugement ; l'un est destiné à réprimer les crimes par les punitions, l'autre à faire naître les vertus par les lumières.

Puisque vos choix tomberont sur des hommes instruits et sur des hommes de bien, les jurys d'instruction, à leur tour se pénétreront aisément du scrupule qui doit diriger leurs élections.

Ils sentiront qu'un instituteur et une institutrice des écoles primaires sont un père et une mère plus éclairés, que la République veut donner à cent et à deux cents à la fois : ils sentiront que les écoles primaires qui, dans le système général de l'instruction, ne forment que le premier degré, forment aussi cependant le degré le plus universel, et que c'est là que sera élevée essentiellement la nation. Dans toutes leurs nominations ces deux idées devront leur être présentes.

Ce sont des Républicains qu'il faut instruire ; le jury aura donc pour première loi de ne choisir que des instituteurs et des institutrices à qui la République est chère, et qui en attendent un nouveau perfectionnement et un nouveau bonheur pour l'espèce humaine.

On recherchera dans les instituteurs cette dignité de caractère, qui peut représenter l'autorité paternelle, et cette douceur, cette patience si nécessaire avec des enfans, qui peut représenter la tendresse des mères.

Ce sont des hommes destinés à entendre et à dire toutes les vérités, à jouir de tous les droits et de tous les biens de la nature, qu'on doit former : on préférera donc pour instituteurs ceux qui auront un goût et des talens connus pour ces sciences exactes à qui la vérité est comme naturelle ; et ceux qui auront cultivé ces sciences physiques qui s'attachent au sein de la nature pour lui arracher tous ses trésors avec tous ses secrets.

La France a rompu solennellement avec les opinions qui ont trompé tous les siècles et tous les peuples : on écartera donc des écoles de la jeunesse française, ces esclaves de l'érudition pour qui une autorité est une raison ; et on appellera avec instance ces éléves de la philosophie de nos jours, pour qui la raison est la seule autorité.

Les jury d'instruction ne se contenteront point de faire un choix parmi ceux qui s'offriront d'eux-mêmes pour l'enseignement des écoles ; ils iront au devant du mérite timide qui se cache, et du talent ambitieux à qui une école ne paroîtroit pas un assez grand théâtre : ils vaincront les scrupules de l'un et les fausses délicatesses de l'autre.

Quand on ne professoit dans les écoles que des erreurs dont on se rioit dans le monde, quand on y parloit un langage qui effrayoit le bon sens et le bon goût, le bon goût et le bon sens applaudissoient aux dédains du monde pour la poussière des écoles : le titre d'instituteur ne pouvoit avoir rien d'honorable lorsque ce qu'on enseignoit dans les instituts ne méritoit aucun honneur. Le talent même alors ne paroissoit qu'une pédanterie dès qu'il donnoit des leçons ; et on a vu le génie, soumis à des foiblesses qu'il ne pouvoit corriger dans les autres, rougir de répandre dans des enseignemens particuliers les lumières que ses ouvrages répandoient avec gloire sur les nations.

Aujourd'hui qu'on ne professera plus dans les écoles que les vérités par qui le genre humain a été éclairé ; aujourd'hui qu'on apprendra dans les écoles ce qu'il faut savoir pour servir sa patrie ; aujourd'hui que tous les regards de la nation seront incessamment ouverts sur les écoles qu'elle même institue ; ajourd'hui que les précepteurs de l'enfance seront mis presqu'en même rang que les fonctionnaires de la République, la considération et la gloire attendront dans les écoles ceux qui y porteront des talens et des lumières : l'ame la plus délicate, dans sa fierté, y trouvera des jouissances pour sa fierté même : aucun talent ne sera trop élevé pour les écoles primaires de la République française.

Et que pourroit-il manquer au bonheur de

ceux qui seront admis au rang d'instituteur dans nos écoles? Sans cesseils auront dans leurs mains et devant leur esprit, les élémens des sciences les plus utiles, tracés par les professeurs les plus renommés ; ils seront auprès de l'enfance les intermédiaires et comme les envoyés de la République et du génie : par leur organe pénétreront avec plus de facilité dans des ames neuves, les vérités d'où doivent naître les vertus et les prospérités des générations futures. Si, aux lumières qu'on exigera d'eux, ils joignent quelque talent, quel vaste champ d'observations va s'ouvrir pour eux, au milieu de ce peuple de jeunes élèves qui ne sentiront plus les peines de l'étude parce qu'ils en recueilleront les vrais trésors ! Que de moyens d'étudier le cœur humain, dans ses mouvemens les plus naïfs, et l'esprit humain dans ses premiers développemens ! Quelle occasion de découvrir de nouveaux phénomènes des sens, de la mémoire, de l'imagination, du raisonnement, du système entier de la formation de nos idées ! Combien cet ami et ce précepteur de l'enfance qui a tant éclairé les hommes, combien Rousseau eût pu ajouter de vues à son traité de l'éducation, s'il eût observé les enfans et composé son immortel ouvrage au milieu des écoles d'un grand peuple libre et souverain ! Avec moins de génie même que Rousseau, on pourra écrire dans les écoles primaires de la République française des ouvrages plus utiles encore que l'Emile ; et une telle gloire est bien assez éclatante pour faire ambitionner aux esprits les plus distingués les fonctions dont elle peut être l'espérance.

Les administrateurs de district, les jury d'instruction, solliciteront donc de toutes parts, ils appelleront de toutes parts aux fonctions d'instituteurs de la première enfance, ces hommes éclairés, capables de remplir des fonctions que la vanité inepte de monarchies jugeoit peu élevées : et si, pour inciter les citoyens d'une République à une si grande œuvre, il falloit de grands exemples et de grands noms, on leur rappelleroit que Socrate tenoit des écoles primaires dans les rues et dans les places d'Athènes.

C'est en étendant ainsi la sphère où les élections seront faites, que les choix pourront être faits avec plus de rapidité, et qu'ils pourront être plus heureux. C'est alors que les districts et les jury d'instruction pourront satisfaire dignement à l'impatience de la Nation et de ses représentans. Eh! quels puissans intérêts vous en pressent! L'arrêté du comité d'Instruction publique vous l'annonce. Un tableau sera élevé, pour ainsi dire, au milieu de la France : là, seront inscrits avec honneur les noms des districts qui auront mis une grande diligence à ouvrir les écoles primaires ; et là, les noms de ceux qui n'auront pas signalé le même zèle, seront exposés à un blâme universel. Quelle magnifique récompense ! et quelle terrible censure !

Ah ! faut-il même à vos ames d'autre aiguillon que la pensée du bien immense auquel vous allez concourir ? Les enfans de quelques favoris de la fortune ne seront pas les seuls qui iront s'instruire dans ces écoles de la République ; c'set une nation tout entière ; là, ne seront point enseignées ces doctrines vaines qui égaroient la raison dans la science, ces arts frivoles qui corrompoient les mœurs par les talens ; mais on enseignera dans toute leur perfection, les arts indispensables pour rendre le bon sens d'un homme indépendant des connoissances ou des artifices d'un autre ; mais on fera servir les arts agréables et les jeux même, la natation, le chant, la danse, les exercices militaires au perfectionnement de tous les organes, à l'accroissement de toutes les forces dans les individus et dans l'espèce ; mais on apprendra les seules sciences réelles, celles qui répandent les lumières pour mieux pratiquer les arts utiles. Par les leçons qu'on y recevra, on sera disposé, non à déserter la charrue et la forge, mais à les manier et à les diriger avec plus d'intelligence : la philosophie la plus profonde y sera si claire, que sa voix ne paroîtra plus que la voix de la nature : au sortir de ces écoles, les élèves n'iront point se presser dans les villes pour ne rien faire et pour discourir sur des riens ; ils se répandront dans les campagnes, dans les ateliers, sur toutes les mers ; et la République sera peuplée de marins intrépides, d'artisans ingénieux, de cultivateurs physiciens : les sillons, sans doute, ne tressailleront point de joie d'être ouverts par des mains qui viendront de déposer la foudre et la victoire ; mais les épis croîtront plus chargés et plus riches de grains sous les mains de laboureurs qui sauront consulter la nature et entendre ses réponses. Des moissons plus variées et plus abondantes, des alimens meilleurs pour le goût, pour la santé et pour la force, des meubles dont la commodité, et non pas le luxe, fera l'élégance, seront pour tous les citoyens de la République, pour les hameaux, comme pour les cités, les résultats certains et prochains de cette éducation si nouvelle donnée à tout un peuple. Les progrès d'un bien-être général seront par-tout les témoignages du progrès de la raison et des lumières.

Administrateurs de la France, voilà le tableau de bonheur qu'il faut faire sortir du sein de la République, et montrer à toutes les nations en preuve de ce que peut la liberté pour les hommes. Les puissances de l'Europe sont de toutes parts soumises aux triomphes de nos armées : si vous remplissez ce que la Convention nationale attend de vous, les nations de l'Europe seront bientôt soumises à nos principes par les triomphes de nos arts et par le spectacle de nos prospérités intérieures.

Les membres composant la commission exécutive de l'instruction publique :

GARAT ; CLÉMENT DE RIS ; GINGUENÉ

Adjoints.

Malheureusement, en ce qui concerne notre département, toutes ces prescriptions ne paraissent pas avoir été appliquées dans les communes d'une façon bien rigoureuse, et ce n'est guère que dans les premiers mois de l'an IV que nos archives commencent à nous fournir la preuve que le Directoire du Lot et nos administrations municipales finissent enfin par seconder le Gouvernement dans l'application des mesures ordonnées.

Le III brumaire au IV, la Convention avait décrété une nouvelle loi des plus importantes sur l'instruction publique ; cette loi, peut-être d'une application plus facile que les précédentes, devait donner de bons résultats ; le titre premier, concernant les écoles primaires, en était ainsi conçu :

Art. 1. Il sera établi dans chaque canton de la République une ou plusieurs écoles primaires dont les arrondissemens seront déterminés par les administrations de département.

Art. 2. Il sera établi dans chaque département, plusieurs jurys d'instruction ; le nombre de ces jurys sera de six au plus, et chacun sera composé de trois membres nommés par l'administration départementale.

Art. 3. Les instituteurs primaires, seront examinés par l'un des jurys d'instruction et sur la présentatlon des administrations municipales, ils seront nommés par les administrations de département.

Art. 4. Ils ne pourront être destitués que par le concours des mêmes administrations, de l'avis d'un jury d'instruction et après avoir été entendus.

Art. 5. Dans chaque école primaire, on enseignera à lire, à écrire, à calculer, et les élémens de la morale républicaine.

Art. 6. Il sera fourni par la République, à chaque instituteur primaire, un local, tant pour lui servir de logement que pour recevoir les élèves pendant la durée des leçons.

Il sera également fourni à chaque instituteur le jardin qui se trouverait attenant à ce local.

Lorsque les administrations de département le jugeront convenable, il sera alloué à l'instituteur une somme annuelle, pour lui tenir lieu du logement et du jardin susdit.

Art. 7. Ils pourront, ainsi que les professeurs des écoles centrales et spéciales, cumuler traitement et pensions.

Art. 8. Les instituteurs primaires recevront de chacun de leurs élèves une rétribution annuelle qui sera fixée par l'administration du département.

Art. 9. L'administration municipale pourra exempter de cette rétribution un quart des élèves de chaque école primaire, pour cause d'indigence.

Art. 10. Les règlemens relatifs au régime des écoles primaires seront arrêtés par les administrations de département et soumis à l'approbation du directoire exécutif.

Art. 11. Les administrations municipales surveilleront immédiatement les écoles primaires et y maintiendront l'exécution des lois et arrêtés des administrations supérieures.

L'administration du département du Lot, s'occupa enfin de l'organisation de ses écoles primaires, et en même temps qu'elle nommait les jurys d'instruction, elle adressait, le 6 frimaire an IV, aux administrations municipales de son ressort la circulaire suivante :

L'administration du département s'occupe dans ce moment d'un des plus importants travaux confiés jusqu'ici à sa sollicitude et à son zèle : de l'organisation des écoles primaires et centrales. Déjà elle a nommé les jurys d'instruction pour le département et un jury spécial pour l'école centrale ; mais il lui reste à déterminer le nombre des écoles à établir dans chaque canton, le lieu de leur placement, et l'arrondissement qu'il convient de donner à chacune. Elle a besoin, citoyens, pour ce triple objet, du concours de vos lumières et des connoissances locales que vous avez. Veuillez donc lui faire parvenir, dans le plus court délai possible, les renseignements que vous croirez les plus propres à la fixer sur le nombre des écoles qu'il conviendroit d'établir dans votre canton, les communes où il seroit à propos de les placer et l'arrondissement qu'elles devroient avoir. Tout cela étant subordonné à la population de chaque commune, à leur éloignement respectif, à la facilité des communications, et à beaucoup d'autres localités. Vous devez indiquer à l'administration quelles sont les communes les plus populeuses et les plus propres à recevoir l'établissement de l'école primaire, lui marquer la distance qui sépare celle, où l'école sera établie, des communes les plus éloignées de l'arrondissement que vous aurez fixé, et en un mot ne rien omettre, dans le tableau qu'elle vous demande relativement aux localités, de ce qui pourra l'éclairer et l'aider à donner à son travail toute la perfection dont il est susceptible.

Un grand nombre d'administrations municipales, ayant laissé cette circulaire sans réponse, l'administration centrale leur adressait, le 13 ventôse de la même année, la lettre de rappel ci-après.

L'administration centrale du département voulant s'occuper de l'organisation des écoles primaires, s'est fait représenter, citoyens, les divers renseignements qui lui ont été transmis à cet égard par les administrations municipales de son ressort. Elle a vu avec étonnement que vous n'avez pas encore répondu à sa lettre du 6e frimaire dernier, ayant pour objet de vous demander le nombre des écoles primaires que vous jugez convenable d'établir sur votre territoire et la désignation des communes, dont le site et la population réclament de pareils établissements. Elle vous invite à réparer cette omission dont les effets ont singulièrement retardé l'organisation générale de l'instruction publique dans ce département. Cet objet est trop essentiel, il tient de trop près au bonheur de ses administrés, pour qu'elle ne doive blâmer votre négligence et stimuler votre zéle. Rappelez-vous, citoyens, que les vices et la tyrannie naissent de l'ignorance et s'entretiennent par le mensonge. Songez qu'on ne peut rien faire d'avantageux ni de solide pour l'espèce humaine, sans améliorer les mœurs par l'instruction, en même temps qu'on détermine les actions par la loi. Ces considérations mieux senties par vous qu'elle ne saurait les développer, lui garantissent qu'elle recevra bientôt le résultat de vos travaux sur cette partie. Elle l'attend par le premier courrier.

Les administrations municipales ayant enfin fourni les renseignements qu'on leur réclamait, les membres de l'administration centrale prenaient l'arrêté suivant :

Le neuf prairial, l'an quatrième de la République française, une et indivisible, en séance publique de l'administration centrale du département du Lot. Présents les citoyens La Chièze, Président ; Martin, Yzarn, administrateurs ; Soulhié, commissaire du directoire exécutif ; Bonnafous, secrétaire en chef.

Vu la loi du 3 brumaire dernier sur l'organisation de l'Instruction publique;

Vu les lettres du ministère de l'Intérieur sur cette matière en date des 12 et 27 frimaire suivant ;

Vu enfin les renseignemens fournis par les administrateurs municipaux sur l'emplacement des écoles et le nombre des instituteurs qu'il convient d'affecter à chaque arrondissement ;

L'administration centrale du département,

Considérant que l'instruction étant la base du bonheur public, il est d'autant plus instant d'activer l'exécution de la loi du trois brumaire concernant son organisation, que c'est de cette dernière que dépendent principalement le sort et la gloire de la République.

Considérant que les renseignemens qu'elle a recueillis sur cette partie esssentielle de son administration, la mettent à même de remplir le vœu du gouvernement pour la prompte organisation des écoles primaires.

Considérant que si l'emplacement de ces écoles doit être combiné sur la population des communes, leur éloignement respectif et la difficulté des communications, il n'en est pas moins nécessaire de déterminer le nombre des instituteurs de manière que les élèves soient assez nombreux pour entretenir leur émulation, que l'espectative d'un sort heureux garantisse suffisamment le zèle des instituteurs.

Considérant enfin que par son arrêté du 5 frimaire dernier elle a pourvu à la nomination des Jurys d'instruction chargés de procéder à l'examen des instituteurs, que leur travail doit être bien avancé et que les administrations municipales, sans doute, sont à même de lui présenter des sujets propres à l'enseignement primaire.

Le Commissaire du Directoire exécutif entendu.

Arrête ce qui suit :

1° Le nombre et le placement des écoles primaires du département sont déterminés de la manière énoncée au tableau qui sera annexé au présent arrêté; chaque école comprendra un instituteur et une institutrice ainsi qu'il est réglé par la loi du 3 brumaire.

2° Les administrations municipales sont chargées de transmettre à celle du département, dans le délai d'une décade, les renseignemens nécessaires sur les talens, les mœurs et le patriotisme des instituteurs et institutrices des communes dans lesquelles ces places sont conservées par le présent, afin qu'elle puisse les maintenir ou les destituer s'il y a lieu.

3o Les administrations municipales des communes désignées au tableau annexé au présent donneront dans le plus court délai leur avis sur le local et jardin attenant convenable à chaque instituteur et institutrice et que la République doit leur fournir, aux termes de l'article 6e du titre 1er de la loi du 3 brumaire ; dans le cas où elles n'en connaîtroient pas de convenable, elles indiqueront la somme à laquelle il convient de porter l'indemnité qui doit en tenir lieu.

4o Conformément à l'article 8 du titre premier de la loi du 3 brumaire dernier, les instituteurs et institutrices recevront à titre de rétribution annuelle de chaque élève, savoir, les instituteurs la somme de vingt-quatre francs payable par douzième tous les mois et les institutrices celle de dix-huit francs payable également par mois et par douzième. Le tout sans préjudice du droit accordé, par l'article susdit de la loi précitée, aux administrations municipales d'exempter de cette rétribution un quart des élèves de chaque école primaire pour cause d'indigence.

5o Il sera fait incessament par l'administration centrale un règlement relatif au régime des écoles primaires, lequel sera adressé tant aux instituteurs et institutrices, qu'aux jurys et aux administrations municipales chargées par l'article 10 du titre premier de la même loi, de la surveillance immédiate des dites écoles.

6° Le présent arrêté sera incessament adressé aux administrations municipales qui demeurent chargées d'en exécuter les dispositions et de présenter dans le plus court délai les instituteurs et institutrices des écoles primaires qui après avoir subi l'examen prescrit par la loi seront jugés dignes d'en remplir les fonctions.

Délibéré le neuf prairial an 4e de la République par les administrateurs du département du Lot.

TABLEAU DE L'EMPLACEMENT DES ÉCOLE PRIMAIRES

DU DÉPARTEMENT DU LOT

NOMS DES CANTONS	EMPLACEMENT DES ÉCOLES PRIMAIRES	NOMBRE DES INSTITUTEURS
Cahors.	Cahors.	4 instituteurs.
	Labastide-M.	1 id.
Duravel.	Duravel.	1 id.
Limogne.	Limogne.	1 id.
	Beauregard.	1 id.
	Laramière.	1 id.
	Concots.	1 id.
Luzech.	Luzech.	1 id.
	Douelle.	1 id.
	Albas.	1 id.
	Castelfranc.	1 id.
	Sauzet.	1 id.
Puy-l'Évêque.	Puy-l'Evêque.	1 id.
	Prayssac.	1 id.
	Cassagne.	1 id.
Saint-Géry.	Saint-Géry.	1 id.
	Vers et Velles.	1 id.
	Saint-Cirq.	1 id.
Lalbenque.	Lalbenque.	1 id.
	Aujols.	1 id.
	Bach.	1 id.
	Belfort.	1 id.
Cabrerets.	Cabrerets.	1 id.
	Sabadel.	1 id.
	S-Martin-de-V.	1 id.
Castelnau.	Castelnau.	2 id.
	Pern.	1 id.
	Flaugnac.	1 id.

NOMS DES CANTONS	EMPLACEMENT DES ÉCOLES PRIMAIRES	NOMBRE DES INSTITUTEURS
Catus.	Catus	1 id.
	Les Junies.	1 id.
	Espère.	1 id.
	Mechmont.	1 id.
Montauban (1)	Montauban.	8 id.
	Albias.	1 id.
	Piquecos.	1 id.
Caylus.	Caylus.	2 id.
	Loze.	1 id.
	Cas	1 id.
Mirabel.	Mirabel.	1 id.
	Leribos.	1 id.
Montpezat.	Montpezat.	1 id.
	Montalzat.	1 id.
	Montfermier.	1 id.
Molières.	Molières.	1 id.
	Auty.	1 id.
Montclar	Montclar.	1 id.
	Génébrières.	1 id.
Bruniquel.	Bruniquel.	1 id.
	Montricoux.	1 id.
Caussade.	Caussade.	1 id.
	Septfonds.	1 id.
	Cayriech.	1 id.

(1). — On sait que pendant toute la Révolution et durant les premières années de l'Empire, l'arrondissement actuel de Montauban faisait partie du département du Lot; la ville de Montauban fut d'abord chef-lieu de district et devint sous-préfecture, après l'an VIII. — En 1808, cet arrondissement fut détaché du Lot, et, réuni à quelques fractions des départements limitrophes, il prit le nom de département de Tarn-et-Garonne.

NOMS DES CANTONS	EMPLACEMENT DES ÉCOLES PRIMAIRES	NOMBRE DES INSTITUTEURS
Réalville.	Réalville.	1 id.
Lafrançaise.	Lafrançaise.	1 id.
Négrepelisse.	Négrepelisse.	1 id.
	Bioulle.	1 id.
	Vaissac.	1 id.
	St-E. de Tul.	1 id.
Puylaroque.	Puylaroque.	1 id.
Lauzerte.	Lauzerte.	2 id.
	St-Amans.	1 id.
	Miramont.	1 id.
	Belveze.	1 id.
	Montlauzun.	1 id.
	Boulvé.	1 id.
Moissac.	Moissac.	3 id.
	Malauze.	1 id.
	St-Paul.	1 id.
	Montesquieu.	1 id.
Montcuq.	Montcuq.	1 id.
	St-Pantaléon.	1 id.
	St-Cyprien.	1 id.
	St-Matré.	1 id.
Bélaye.	Bélaye.	1 id.
	Floressas.	1 id.
	Mauroux.	1 id.
Cazes-Mond.	Cazes.	1 id.
	Martissan.	1 id.
	Sauveterre.	1 id.
	Vazerac.	1 id.
Bourg-de-Visa	Le Bourg.	1 id.
	Touffailles.	1 id.
	Fauroux.	1 id.
	Mougoudou.	1 id.

NOMS DES CANTONS	EMPLACEMENT DES ÉCOLES PRIMAIRES	NOMBRE DES INSTITUTEURS
Figeac.	Figeac.	3 instituteurs
	Béduer.	1 id.
	Lentillac.	1 id.
	Capdenac.	1 id.
	Linac.	1 id.
Fons.	Fons.	1 id.
	Cardaillac.	1 id.
	Lissac.	1 id.
Livernon.	Espédaillac.	1 id.
	Assier.	1 id.
Lacapelle-M.	Lacapelle.	1 id.
Latronquière.	Latronquière.	1 id.
	Sousceyrac.	1 id.
	St-Cirgues.	1 id.
Cajarc.	Cajarc.	1 id.
	Marcilhac.	1 id.
	Gréalou.	1 id.
	Toirac.	1 id.
	St-J.-de-Laur.	1 id.
Aynac.	Aynac.	1 id.
	Thémines.	1 id.
St-Céré.	St-Céré.	2 id.
	Loubressac.	1 id.
	Frayssinhes.	1 id.
	Comiac.	1 id.
	Lentillac.	1 id.
Gramat.	Gramat.	1 id.
	Rocamadour.	1 id.
	Miers.	1 id.
	Thégra.	1 id.

NOMS DES CANTONS	EMPLACEMENT DES ÉCOLES PRIMAIRES	NOMBRE DES INSTITUTEURS
Souillac.	Souillac.	1 instituteur.
	Lanzac.	1 id.
	Lachapelle-A.	1 id.
Martel.	Martel.	1 id.
	St-Sozy.	2 id.
	Rignac.	1 id.
	Floirac.	1 id.
	Strenquels.	1 id.
	Montvalent.	1 id.
Vayrac.	Vayrac.	1 id.
	Bétaille.	1 id.
	Carennac.	1 id.
Sarrazac.	Sarrazac.	1 id.
	Gignac.	1 id.
	Cressensac.	1 id.
	Cavagnac.	1 id.
Bretenoux.	Bretenoux.	1 id.
	Puybrun.	1 id.
	Gagnac.	1 id.
Gourdon.	Gourdon.	2 id.
	Nozac.	1 id.
	Le Vigan.	1 id.
	St-Clair.	1 id.
St-Germain.	St-Germain.	1 id.
	Fraissinet.	1 id.
	Lamothe-Cel.	1 id.
	Peyrilles.	1 id.
Payrac.	Payrac.	1 id.
	Nadaillac.	1 id.
	Masclat.	1 id.

NOMS DES CANTONS	EMPLACEMENT DES ÉCOLES PRIMAIRES	NOMBRE DES INSTITUTEURS
	Salviac.	1 instituteur.
Salviac.	Dégagnac.	1 id.
	Thédirac.	1 id.
	Montfaucon.	1 id.
Montfaucon.	Labastide.	1 id.
	Caniac.	1 id.
Carlucet.	Carlucet.	1 id.
	Cazals.	1 id.
Cazals.	Frayssinet.	1 id.
	Les Arques.	1 id.

Le 21 prairial suivant une copie de cet arrêté était envoyée à chaque administration municipale, avec la lettre ci-après :

Citoyens, l'administration centrale du département vous envoye ci-joint une copie en forme de son arrêté du 9 de ce mois, concernant l'organisation et le placement des écoles primaires; vous voudrez bien en exécuter les dispositions, dans le plus bref délai possible. Vous avez de l'autre part le tableau du placement des écoles de votre canton et le nombre des instituteurs que vous aurez à lui présenter.

On donna, aux administrations municipales, le temps d'organiser leurs écoles;

mais environ quinze mois plus tard, le 20 fructidor an V, le Ministre de l'Intérieur, dans les attributions duquel rentrait alors l'Instruction publique, demanda des renseignements sur les résultats obtenus. Ces renseignements furent loin d'être satisfaisants pour le département du Lot : il résulte en effet des états envoyés par les municipalités de canton que dans nos six districts, il existait à peine 30 écoles primaires ; la ville la plus importante du département, Montauban, qui aurait dû avoir 8 instituteurs, n'en avait pas un seul. Presque toutes les municipalités se plaignaient de ce qu'elles ne pouvaient trouver des maîtres ; il est vrai qu'elles ne faisaient aucun sacrifice pour les attirer.

Aussi le commissaire du Directoire exécutif près l'administration centrale du Lot, dans ses rapports au ministre, des 12 brumaire et 3 nivôse an VI, se plaint-il du peu de progrès de l'instruction dans son département.

L'instruction publique, écrivait cet administrateur dans son premier rapport, qui seule peut réellement bonifier l'esprit public est encore très négligée. L'Ecole centrale est organisée depuis près de deux ans ; les professeurs sont instruits et animés des meilleurs principes ; mais le nombre des élèves est très inférieur à ce qu'il devrait être, eu égard à la population du département. Il n'est guère que les pères de famille, amis de la constitution de l'an III, qui veuillent y envoyer leurs enfants. Les autres, détestant le mode d'enseignement actuel par goût ou par suggestion, aiment mieux laisser leurs enfants croupir dans l'ignorance ou les placer sous des instituteurs particuliers qui n'enseignent que suivant l'ancien régime.

Peu d'écoles primaires sont organisées au gré de la loi du 3 brumaire an IV ; il est difficile de trouver des sujets capables de remplir ces places ; ceux qui le seraient, les dédaignent et les administrations municipales ne se donnent en général aucun mouvement pour s'en procurer, et la plupart des pères de familles, notamment dans les campagnes, aiment mieux envoyer leurs enfants au *cathéchisme* qu'aux écoles.

Deux mois plus tard, le même administrateur écrivait encore :

L'Instruction des écoles primaires est nulle dans presque tous les cantons. L'ancienne forme d'instruction, vicieuse sous tant de rapports, est presque partout préférée. Plusieurs causes concourent dans ces cantons à ce funeste abus. D'abord la difficulté de se procurer des instituteurs qui allient les qualités rares qui les constituent, difficulté fortement accrue par la médiocrité des rétributions que leur présentent les lois organiques de ces établissements et par l'invincible conviction où le fanatisme a jeté les citoyens, peu éclairés sur la nature des leçons qu'on y donne. Jusqu'à ce que une indemnité bienfaisante ne vienne exciter le zèle des citoyens propres à ces précieuses fonctions, et que la fréquentation des écoles soit facilitée par le rapprochement des arrondissements fixés par la loi du 3 brumaire, l'on ne doit attendre aucun changement dans cette partie absolument négligée. Des écoles particulières sont ouvertes dans un grand nombre de communes; il est à craindre que l'active surveillance des autorités constituées soit insuffisante pour dérober le cœur des élèves à la corruption des principes des hommes qui les dirigent. La loi du serment serait une faible garantie pour le Gouvernement.

Sans doute le cri d'alarme jeté par le commissaire exécutif du département du Lot, avait été poussé dans d'autres départements, car le ministre de l'Intérieur crut devoir adresser aux administrations centrales de nouvelles instructions, pour favoriser la fréquentation des écoles primaires et centrales.

Une de ces circulaires nous a paru particulièrement intéressante ; nous la reproduisons ci-après, bien qu'elle s'applique plus spécialement peut-être aux écoles centrales.

Paris, le 29 Frimaire, an 6e de la

RÉPUBLIQUE FRANÇAISE UNE ET INDIVISIBLE

Le Ministre de l'Intérieur,

Aux Administrations centrales des départements

Persuadé, citoyens, que la propagation des lumières est le moyen le plus propre à faire sentir les avantages de la Constitution républicaine que la France s'est donnée, le Directoire exécutif vient de prendre des mesures pour engager les citoyens à fréquenter les écoles publiques, ou à les faire fréquenter par leurs enfants. Vous trouverez ci-joint une copie de cet arrêté, que je vous adresse pour lui donner la plus grande publicité.

En faisant connaître à vos administrés les intentions du Directoire exécutif, vous ne manquerez pas sans doute de leur montrer combien le nouveau plan d'instruction l'emporte sur l'ancien ; vous leur ferez remarquer que, par l'association du dessin, des sciences naturelles et des sciences mathématiques, à l'étude des langues anciennes, qui absorbait autrefois toute la durée des classes, les élèves formés dans les nouvelles écoles doivent être bien mieux préparés pour les divers états et les emplois de la société, que ceux qui, sortant des colléges, ne savaient encore que transporter un discours d'un idiome dans un autre.

Pour réconcilier avec les écoles républicaines ceux qu'un reste des préjugés de la première éducation attache encore aux idées religieuses, vous leur ferez observer que si dans ces écoles l'enseignement est indépendant de tout culte, puisque la Constitution n'en adopte aucun à l'exception des autres, la morale élémentaire à laquelle les Instituteurs doivent sans cesse rappeler leurs élèves, fondée sur ces notions si simples et presque innées en nous, du juste et de l'injuste, et sur ce principe si évident, *de ne rien faire aux autres de ce que nous ne voudrions pas que l'on nous fît à nous-mêmes*, ne saurait contrarier les préceptes que doit donner à ses enfants, quelle que soit sa croyance, un père de famille digne de ce titre respectable.

Les cours de législation des écoles centrales, dont l'objet peut paraître d'abord assez indéterminé, deviendra très utile à tous les citoyens, si le professeur, se bornant, comme on a droit de l'exiger, à faire connaître les principes incontestables sur lesquels sont fondées la déclaration des droits et la Constitution, laisse de côté toutes les théories abstraites, et développe avec ordre l'organisation des diverses branches du gouvernement, afin de mettre les élèves en état de remplir les devoirs qui leur sont imposés par les lois existantes, et de faire valoir les droits qu'elles leur assurent.

Pour que les professeurs se livrent avec zèle aux fonctions importantes et pénibles de l'enseignement, il faut leur témoigner la confiance et la considération dont sans doute ils sont dignes, s'ils ont été choisis et élus suivant l'esprit de la loi ; il faut éloigner d'eux toutes les difficultés et les tracasseries qui pourraient les détourner de leurs utiles travaux. Si quelques-uns ont besoin d'être rappelés à leur devoir, employez d'abord la voie de la persuasion ; ayez pour eux les égards que doivent attendre d'un gouvernement ami des lettres et des sciences, ceux qui les cultivent; enfin lorsque vous serez forcés de prendre des mesures de rigueur contre ceux qui se montreront indignes de la place qu'ils ont obtenue, que ces mesures soient conformes à l'esprit et à la lettre de la loi du 3 brumaire an IV, qui vous prescrit la conduite que vous devez tenir dans cette circonstance, et sur laquelle vous devez régler votre administration dans tout ce qui a rapport à l'instruction publique.

En agissant ainsi, vous attacherez à l'honorable état d'Instituteur les citoyens capables d'en apprécier la dignité et d'en remplir les devoirs avec distinction.

Je vous recommande aussi de surveiller les maisons d'éducation tenues par des particuliers. Encouragez par tous les moyens qui sont en votre pouvoir ceux qui professeront l'amour de la République, et réprimez ceux qui s'en déclareront ouvertement les ennemis : vous y êtes autorisés par l'article 356 de la Constitution, qui porte que la loi *surveille particulièrement les professions qui intéressent les mœurs publiques.....* Dans les arrêtés que vous prendrez à cet égard, sans doute vous respecterez toujours la loi, en ne l'étendant point à des cas qu'elle n'a pas prévus ; et en vous livrant tout entiers à la vigilante sollicitude qui caractérise des magistrats probes et éclairés, vous repousserez loin de vous les mesures inquisitoriales, dignes seulement de ces hommes turbulens et soupçonneux qui ne veulent écouter que les délateurs, parce qu'ils ne cherchent que des coupables.

Je vous invite à me faire connaître, sous le plus bref délai, les obstacles qui pourraient encore entraver l'organisation des écoles publiques de votre arrondissement, et à ne pas négliger de répondre aux diverses questions de la circulaire qui vous a été adressée, le 20 fructidor de l'an V, par mon prédécesseur le citoyen

François (de Neuf-Château). Vous ne pouvez ignorer maintenant que le conseil des Cinq-Cents a passé à l'ordre du jour sur la proposition de réduire le nombre des écoles centrales, et qu'il s'occupe des moyens d'améliorer le sort des Instituteurs d'écoles primaires, et de les mettre en état de soutenir la concurrence avec les Instituteurs particuliers.

Rien ne doit donc plus entraver l'organisation de l'Instruction publique ; rien ne doit plus vous empêcher d'en faire l'un des principaux objets de vos soins et de votre sollicitude. Ayez sans cesse devant les yeux l'arrêté que je vous adresse : il vous rappellera l'importance que met le Directoire à l'établissement et à la prospérité des écoles centrales ; il vous dira quels reproches vous seraient dus, si, par votre négligence, vos jeunes administrés ne pouvaient être admis dans aucune des places dont le gouvernement dispose, ou s'ils ne pouvaient prévenir cette exclusion que par des certificats signés de vous-mêmes, et qui, en attestant la non-organisation de vos écoles, attesteraient en même temps votre négligence et votre froideur sur un point que la patrie recommande spécialement à votre zèle.

Salut et Fraternité,

LETOURNEUX.

Cette circulaire était accompagnée d'un arrêté du Directoire exécutif ainsi conçu :

Du 27 Brumaire de l'an VI

DE LA RÉPUBLIQUE FRANÇAISE

UNE ET INDIVISIBLE

Le Directoire exécutif, considérant qu'il est de son devoir de faire prospérer, par tous les moyens dont il peut disposer, les diverses institutions républicaines, et spécialement celles qui ont rapport à l'instruction publique,

ARRÊTE :

ARTICLE PREMIER

Qu'à compter du 1er frimaire prochain, tous les citoyens non mariés et ne faisant point partie de l'armée, qui désireront obtenir de lui, du ministre, des administrations, des régies et établissements de toute espèce dépendant du Gouvernement, soit une place quelconque s'ils n'en occupent point encore, soit un avancement dans celle dont ils sont pourvus, seront tenus de joindre à leur pétition leur acte de naissance, et un certificat de fréquentation de l'une des écoles centrales de la République : ce certificat devra contenir des renseignements sur l'assiduité du candidat, sur sa conduite civique, sur sa moralité, sur les progrès qu'il a faits dans ses études.

Art. II

Les citoyens mariés qui solliciteront une place, de quelque nature qu'elle soit, militaire ou autre, seront tenus, s'ils ont des enfants en âge de fréquenter les écoles nationales, de joindre également à leur pétition, l'acte de naissance de ces enfants, et des certificats des dites écoles, contenant sur eux les renseignements indiqués dans l'article précédent.

Art. III

Les administrations centrales de département adresseront tous les trois mois, au ministre de l'Intérieur, l'état nominatif des élèves qui fréquentent les écoles publiques, soit primaires, soit centrales, avec les noms et domicile de chacun d'eux. Le Directoire exécutif, sur le rapport qui lui sera fait par le ministre de l'Intérieur, des résultats qu'offriront ces divers tableaux, prendra les mesures nécessaires pour activer l'instruction des écoles qui ne lui paraîtraient pas assez suivies.

Art. IV

Les citoyens qui prétendraient avoir été dans l'impossibilité de satisfaire aux dispositions précédentes, seront tenus d'en justifier la cause par des certificats ou autres actes en bonne forme, visés par les administrations des lieux et par l'administration départementale.

ART. 5

Le présent arrêté sera imprimé au Bulletin des lois.

Pour expédition conforme, *le Président du Directoire exécutif*, signé L. M. REVELLIERE-LÉPEAUX ; par le Directoire exécutif, *le Secrétaire général*, signé LAGARDE.

Pendant que l'Etat faisait ainsi tous ses efforts pour organiser en France les établissements d'instruction publique, l'administration centrale du Lot ne restait plus inactive, et dans le courant de Brumaire an VI, elle élaborait un projet de règlement relatif au régime de ses écoles primaires, ainsi conçu :

L'administration centrale du département du Lot,

Vu l'article 10, de la loi du 3 brumaire an IV sur l'instruction publique, ensemble la circulaire du ministre de l'Intérieur relative à son exécution ;

Vu l'article 16, de l'acte constitutionnel, portant « les jeunes gens ne peuvent être inscrits au registre civique, s'ils ne prouvent qu'ils savent lire et écrire, etc. » ;

Considérant que dans un état libre, l'institution qui contribue le plus à sa durée et à son bonheur est celle qui a pour base l'utilité publique, par la propagation des principes républicains; que, pour parvenir à ce but désirable, il est intéressant d'organiser l'instruction d'une manière stable et uniforme pour toutes les écoles primaires et de donner à cette organisation tous les moyens propres au développement des sciences et des arts afin qu'en conformité de l'article 16 de l'acte constitutionnel, lequel article aura son exécution l'an 12e de la République, tous les jeunes gens jaloux de devenir utiles à la patrie puissent, en prouvant qu'ils savent lire et écrire et exercer une profession mécanique, se faire inscrire au registre civique, jouir et exercer les droits de citoyen français;

Considérant enfin que le défaut d'instruction est une des principales causes des excès en tout genre auxquels se sont portés, pendant la révolution, des hommes séduits ou trompés par les sectateurs d'un régime justement abhorré de la presque totalité des Français et que sous le rapport d'intérêt général, il importe de faire renaître, avec des lois longtemps oubliées, les lumières et les connaissances qui, seules, peuvent garantir désormais les hommes faibles, des nouveaux pièges du royalisme et du fanatisme.

Le commissaire du Directoire exécutif entendu,

Arrête :

ART. 1er

Les écoles primaires seront ouvertes à l'avenir

le 1er brumaire de chaque année et fermées le 30 fructidor suivant. Elles pourront être fermées le 30 prairial, dans les compagnes seulement, lorsqu'à cause des travaux pressants de l'Agriculture, l'administration municipale du canton l'aura déclaré nécessaire.

ART. 2

Les Instituteurs et institutrices qui, pour être plus exacts à leurs devoirs, ne pourront accepter aucun autre emploi, donneront, dans les grandes communes, deux séances par jour, *les quintidi et decadi* exceptés, ainsi que les jours consacrés aux *fêtes nationales* ; la séance du matin sera ouverte à 8 heures pour être levée à 11, et celle du soir sera ouverte à 1 heure pour être levée à 4.

Quant aux campagnes, une seule séance par jour paraît pouvoir s'accorder avec la distance des divers points de l'arrondissement de chaque école, et cette séance devra commencer, savoir : dans les saisons du printemps et de l'été à 8 heures du matin pour être levée à midi ; et en hiver, à 10 heures du matin pour être levée à 3 heures après midi.

ART. 3

Dans la décade qui précédera l'ouverture annuelle des écoles primaires, les père, mère, tuteurs, curateurs et autres personnes chargées de l'éducation des enfans les présenteront, savoir, dans les grandes communes, au commissaire de l'administration municipale et dans les campagnes à l'agent municipal, pour être inscrits au registre dont ces fonctionnaires publics devront se nantir ; lequel registre sera divisé en deux colonnes, l'une pour les garçons, l'autre pour les filles.

ART. 4

Porteur du registre énoncé en l'article précédent, ce commissaire ou l'agent municipal précité se rendra à la salle de l'école au jour indiqué pour la réunion des élèves, qui y auront été conduits par leurs ascendants ; il en fera l'appel nominal après lequel il déclarera à l'instituteur ou institutrice, qu'il lui confie l'instruction des élèves présentés. Il lui déclarera, en outre, que la loi et les règlements le chargeant de remplir ce devoir important, leur but serait manqué, si tous ses efforts ne tendaient à former de bons citoyens, des enfants respectueux, de bons époux, de bons pères. Et immédiatement après, il sera fait lecture de la loi précitée, du présent règlement et de tous autres qui pourront être arrêtés.

ART. 5

Le Président et le commissaire du Directoire exécutif près chaque administration municipale assisteront à l'ouverture annuelle des écoles primaires et veilleront à ce qu'elle soit faite en conformité du présent règlement, observant rigoureusement qu'il ne soit accordé ni préférence, ni prédilection, ni aucune distinction entre les élèves soumis à une rétribution profitable à l'instituteur, ou institutrice, et ceux qui, moins fortunés, en devront être exemptés.

ART. 6

Les instituteurs et institutrices, en développant à leurs élèves les éléments de la morale républicaine, devront les enseigner à lire, leur montrer à écrire et leur donner, en même tems des leçons de calcul. Ils contreviendraient formellement aux dispositions de la loi, s'ils chargeaient la mémoire de leurs élèves d'autres objets trop supérieurs à leurs facultés intellectuelles, étrangers ou contraires à la morale républicaine. En conséquence le Président et le commissaire du directoire exécutif près chaque administration veilleront à ce que l'agent municipal et le commissaire municipal susnommés fassent ponctuellement observer la loi du 3 brumaire an IV.

ART. 7

Ces magistrats veilleront, en outre, à ce que dans les modèles d'écriture, au lieu de phrases décousues et vuides de sens, on mette, sous les yeux des élèves, des passages courts, mais saillants qui peignent, d'un seul trait, un acte de probité ou de bienfaisance, de désintéressement ou de piété filiale, de bravoure ou de dévouement à la patrie.

ART. 8

Jusqu'à ce que le Gouvernement puisse distribuer les ouvrages devant servir à la direction et perfection de l'instruction publique, les instituteurs et institutrices ne négligeront aucun des moyens propres à se procurer de bons livres; ils feront surtout lire et souvent réciter la déclaration des droits et des devoirs de l'homme; enfin, ils expliqueront clairement à leurs élèves ce que chaque citoyen doit à sa patrie, à la société, à ses parents et à lui-même.

ART. 9

Les élèves inscrits au registre exigé par l'art. 3 du présent règlement assisteront exactement aux séances des Ecoles. Les instituteurs tiendront un contrôle destiné à noter les absents ; et lorsque, sans l'autorisation expresse de ses parents, un élève aura manqué à une séance, l'instituteur lui fera des remontrances honnêtes et paternelles ; si cette absence se répétait encore, il serait tenu d'en prévenir les parents dans le plus court délai ; et si enfin les voies d'exhortations et d'aménité devenaient inutiles, les instituteurs en préviendraient de rechef les parents et successivement l'administration municipale, au cas où les privations les plus sensibles à l'élève ne suffiraient pas pour sa correction.

ART. 10

Une des principales obligations des instituteurs et institutrices, sera d'entretenir entre leurs élèves la bonne intelligence, l'union, la fraternité ; ils devront se concilier le respect et l'attachement de leurs élèves, et, pour parvenir à ce but, fruit ordinaire d'une bonne éducation, ils se souviendront, sans cesse, que leur conduite doit être un modèle de vertu et de patriotisme.

ART. 11

Les instituteurs parleront toujours à leurs élèves d'un ton paternel, observant de concilier avec la bonté et l'aménité, une certaine dignité qui, en les rendant inaccessibles aux mouvements de la colère et de l'emportement, si nuisibles à la formation du caractère des enfants, leur interdise, sans cesse, tout propos insignifiant, grossier ou rebutant.

ART. 12

Si quelqu'élève se trouve atteint d'une maladie ou d'un mal contagieux, les instituteurs en informeront directement les parents, afin qu'ils le retiennent chez eux jusqu'à ce qu'il soit guéri ou rétabli dans un état à ne laisser aucune crainte sur sa cohabitation avec ses camarades ; et au cas où les parents ne tiendraient aucun compte de cet avis, l'instituteur en référera à l'administration municipale qui, après avoir vérifié les faits, statuera ce qu'il appartiendra.

ART. 13

Les instituteurs et institutrices entretiendront dans leurs salles d'étude, la plus grande propreté et seront exacts à y renouveler l'air dans l'intervalle d'une séance à l'autre.

ART. 14

Il sera donné chaque mois une séance publique, à laquelle seront invités les administrateurs municipaux de chaque arrondissement et les parents des élèves; tous les citoyens auront la faculté d'y assister.

C'est à cette séance, qu'après avoir donné des leçons de lecture et de morale, les instituteurs inviteront les Magistrats à interroger les élèves après avoir indiqué les objets sur lesquels l'instruction aura eu lieu dans le mois.

Ces instituteurs termineront la séance, en donnant à l'assemblée le témoignage sincère dont les élèves ou quelques-uns en particulier se seront rendus dignes pendant le mois, et l'administration municipale distribuera des couronnes civiques aux trois d'entre eux qui seront reconnus avoir le mieux mérité.

ART. 15

Il y aura un cours public le 10 thermidor de chaque année; les instituteurs y indiqueront les élèves qui pendant l'année se seront distingués par leur application, leurs progrès et leur moralité, et ces élèves seront proclamés par le Président de l'administration municipale.

ART. 16

Les administrations municipales donneront,

sans délai, leur avis sur la rétribution qu'il convient de fixer pour les instituteurs et institutrices de leur arrondissement, en conformité de l'article 8 de la loi du 3 brumaire an IV, et elles veilleront à ce qu'ils jouissent paisiblement du logement et jardin à eux accordés par la loi et s'il se trouve quelque arrondissement où le logement n'ait pas été conservé, elles s'expliqueront clairement sur l'indemnité qu'il conviendra d'accorder aux instituteurs de ces arrondissements.

ART. 17

L'administration centrale ne négligera aucun des moyens propres à l'encouragement de l'instruction publique, par des prix et des récompenses analogues à l'institution des écoles primaires, qu'elle sollicitera auprès du Gouvernement.

ART. 18

Les administrations municipales rangeront dans la classe de leurs obligations les plus importantes, celle de faire jouir les instituteurs et institutrices de toute la protection et considération dues à leurs honorables fonctions ; elles visiteront souvent les élèves de leur chef-lieu ; elles surveilleront dans toutes celles de leur arrondissement l'exécution des lois et du présent règlement, lequel, conformément à l'article 10 du titre 1er de la loi du 3 brumaire an IV, sera soumis à l'approbation du directoire exécutif et imprimé en nombre suffisant d'exemplaires pour qu'il en soit adressé deux au moins à chaque agent municipal et à chaque instituteur et institutrice.

Délibéré à Cahors, le 15 brumaire de l'an sixième de la République.

Le ministre de l'intérieur, à qui ce réglement était soumis le 8 frimaire suivant, répondait le 13 nivôse an VI, par la lettre ci-après :

Le Ministre de l'Intérieur aux administrateurs du département du Lot, à Cahors.

Citoyens, en attendant que j'aie soumis au directoire exécutif un travail général qui doit avoir lieu sur le régime des écoles primaires, vous pouvez mettre à exécution le règlement que vous m'avez envoyé le 8 frimaire.

J'excepte cependant une des dispositions de l'article 2 par laquelle vous défendez aux instituteurs d'accepter aucun autre emploi, sans considérer qu'il est des occupations compatibles avec celles d'instituteurs et qu'il serait bon d'améliorer le sort de ceux qui se livrent à l'instruction de la jeunesse, en liant leur état à la rédaction des actes civils ou à d'autres petits emplois, comme vous pouvez le voir dans la circulaire du 20 fructidor.

Je vous invite à répondre le plutôt possible à cette circulaire, et à introduire dans vos écoles primaires les livres élémentaires adoptés par la Convention, qui vous ont été envoyés le 9 vendémiaire et le 3 brumaire an IV ; vous pouvez vous les procurer par la voie du commerce.

Salut et Fraternité.

Signé : LETOURNEUX.

Un mois ne s'était pas écoulé depuis la réception de cette lettre, que l'administration centrale du Lot avisée des tendances mauvaises de certains instituteurs particuliers, envoyait aux municipalités la circulaire suivante, datée du 15 pluviôse an VI.

Citoyens, s'il suffisait de contempler la République dans ses triomphes multipliés, pour garantir au Peuple la douce et paisible jouissance des fruits de sa victoire ; si, pour assurer son bonheur, il ne fallait qu'admirer dans les intrépides défenseurs de ses droits, l'étonnante sublimité qui les fit vaincre l'Europe coalisée, nous justifierions une partie de la confiance dont il nous honore, en remettant périodiquement sous les yeux des enfants, le tableau de l'horreur de leurs pères pour la servitude et l'esclavage.

Mais il est d'autres devoirs importans commandés autant par l'expérience des malheurs qui se sont succédé dès l'aurore de la Révolution, que par nos attributions administratives; et ces devoirs nous ordonnent de prémunir sans relâche nos administrés contre les efforts sans cesse renaissans d'une caste qui, ne pouvant que mourir des hautes destinées de la France, après l'avoir vainement combattue, voudrait lui léguer la contre-révolution, dans les générations futures, par la dépravation de cette belle jeunesse, l'espoir de la mère commune.

C'est donc aux fonctionnaires publics, spécialement chargés de la propagation des principes républicains, à couper dans sa racine le mal que ces vampires déhontés voudraient faire encore à la Patrie; c'est à nous à surveiller l'éducation de telle manière qu'aucun germe de superstition ou de royalisme ne puisse désormais rendre vaines ou seulement insuffisantes les facultés de l'enseignement public.

L'article CCC de la Constitution qui permet à tout citoyen de former des établissements particuliers d'éducation et d'instruction, n'autorise pas la restauration des préjugés antiques, il ne donne pas à des instituteurs inciviques le pouvoir de corrompre une jeunesse destinée à maintenir l'édifice majestueux que l'Univers admire.

C'est cependant là le but où tendent plusieurs instituteurs et institutrices particuliers, en faisant balbutier à leurs élèves des expressions proscrites par nos lois, en leur enseignant une morale qui, loin de concorder avec le pacte social, rappelle le cuisant souvenir de tous les siècles d'ignorance et se tait sur les éclatantes lumières qui ont illustré le XVIIIe.

Que toutes ces entreprises particulières d'éducation qui doivent l'existence à des hommes moins jaloux de former la jeunesse que de faire revivre des erreurs, dont l'absurdité n'a pu tenir contre l'heureux résultat de l'humaine philosophie, cessent en un instant dans toutes les communes; que toute maxime qui ne tendrait pas à proscrire à jamais les axiomes de l'esclavage et à échauffer l'âme des enfants par le récit des vertus sublimes qui ont préparé, produit et soutenu la plus belle des révolutions, soit sévèrement interdite aux instituteurs publics et particuliers.

Qu'il soit rappelé sans cesse à ces dépositaires de l'espoir de la patrie qu'ils ont pris l'engagement de former des hommes libres, et que pour le remplir ils doivent écarter soigneusement tout ce qui tendrait à subordonner l'intelligence de leurs élèves aux prestiges du mensonge ou du royalisme.

Si d'un côté quelques anciens despotes de la France, qui ne croyaient pas avoir à redouter l'instruction de leurs sujets, permirent l'enseignement des premiers principes de l'amour de la patrie et de la liberté par l'étude des écrivains célèbres qui nous léguèrent des républiques ; de l'autre, on a remarqué dans quelques points du territoire français, que plus profonds ou plus atroces en politique que leurs maîtres, plusieurs ci-devant seigneurs ont usé pendant des siècles, dans leurs terres, de la tyrannique précaution d'interdire à leurs vassaux jusqu'à la faculté d'employer à l'éducation de leurs enfants le faible résidu du produit de leurs sueurs pénibles et continuelles.

Puisque l'indifférence des premiers nous a été si avantageuse, en ce qu'elle a produit les premières vertus sublimes qui ont enfanté tous les prodiges de valeur dont retentit l'Univers ; que la tactique machiavélique des autres soit pour nous un nouveau motif de donner à l'instruction de la jeunesse autant d'aisance et de latitude que les ennemis de la liberté et du bonheur du peuple prirent de soin à perpétuer leur ignorance.

Lisons l'article CCCLVI de l'acte constitutionnel, nous y trouverons l'obligation de surveiller particuliérement les professions qui intéressent les mœurs publiques ; et comme rien ne les intéresse autant que les premiers éléments de l'éducation, c'est donc aux organes de la loi à éviter, dans les mains des instituteurs, la violation du dépôt précieux qui leur est confié.

Surveillez donc, citoyens administrateurs, avec ce zèle qui caractérise les dignes élus du peuple, non seulement les écoles primaires, mais encore tous les établissements particuliers d'éducation où, à la honte du nom français, la jeunesse est abandonnée aux erreurs de quelques instituteurs faibles ou mal intentionnés. Assurez-vous qu'on n'y professera désormais que la morale républicaine, qu'on y fera apprendre la Constitution, qu'on y fera célébrer le décadi ainsi que les fêtes nationales, et qu'enfin on y apprendra à honorer le titre de citoyen.

L'administration centrale vous invite à vous occuper sans délai de cet objet très important et à l'informer, dans le délai de deux décades, de l'examen que vous devrez avoir fait de toutes les maisons d'éducation de vos arrondissements respectifs, des moyens que vous aurez pris pour distribuer également entre instituteurs et institutrices primaires les locaux destinés à leurs logements et à leurs écoles.

Elle vous invite, en outre, à exécuter ponctuellement son règlement du 15 brumaire dernier, relatif au régime des écoles primaires, à l'exécution de l'article 2, quant à ce qui concerne l'inhibition faite aux instituteurs d'accepter d'autres emplois, pourvu que ces occupations nouvelles qui en seront l'effet, ne vous présentent aucun obstacle à l'honorable mission dont ils sont chargés.

Vous lui rendrez désormais, à la fin de chaque mois, un compte exact des résultats de l'éducation dans les communes dont l'administration vous est confiée.

Salut et Vive la République.

Signé, Letourneux.

Ces recommandations furent-elles observées? Il est permis d'en douter, en présence des termes des divers rapports de l'administration centrale sur l'instruction publique dans le département du Lot.

On lit, en effet, dans un de ces rapports, daté du 15 nivôse an VII, que « les écoles primaires du Lot sont dans un état alarmant, que le fanatisme infecte plusieurs écoles particulières, et que si le gouvernement n'étend promptement sa sollicitude à cette partie, l'ignorance nous menacera bientôt de ses ravages. »

Le 5 pluviôse de la même année, l'administration municipale de Montauban se voyait contrainte d'ordonner la clôture de treize maisons d'éducation de cette ville, dont les directeurs et directrices avaient opposé une résistance constante et opiniâtre aux dispositions des lois des 17 thermidor et 13 fructidor an VI (1).

L'administration centrale du Lot voulut bientôt savoir quels étaient les résultats obtenus dans les communes et si l'objet de ses circulaires avait été fidèlement rempli. Le 25 fructidor an VI, elle adressait à toutes les municipalités la lettre suivante :

L'administration centrale du département s'occupe, citoyens, d'un travail général concernant l'établissement et le régime des écoles primaires. Pour la confection de ce travail, elle a un pressant besoin de plusieurs renseignements

(1). L'art. 6 de la loi du 13 fructidor an VI, relative à la célébration du *décadi* disposait que « les instituteurs et institutrices d'écoles soit publiques, soit privées, étaient tenus de conduire leurs élèves, chaque jour de décadi ou de fête nationale, au lieu de la réunion des citoyens » ; or, ces réunions décadaires n'étaient pas toujours exemptes de danger, surtout pour des jeunes filles et ce motif, à défaut d'autres, pourrait expliquer la répugnance des Directrices des maisons scolaires de Montauban à se conformer à la loi; aussi le commissaire central du département du Lot, en rendant compte au ministre de la fermeture de ces établissements, terqu'elle réclame aujourd'hui de votre activité et de vos lumières. Elle a fait, en conséquence, dresser deux tableaux dont vous trouverez ci-joint les modèles sous les nos 1 et 2; elle vous prie de vouloir bien les remplir sur le champ et les lui renvoyer avant le 5 vendémiaire prochain. Le 6, elle fera faire un tableau exact des administrations municipales en retard et enverra le même jour des commissaires à vos frais pour la confection des états qu'elle recommande à votre zèle.

L'administration espère qu'elle n'aura pas à déployer contre vous cette voie de rigueur; elle

---

mine son rapport en disant : « De là vient sans doute l'éloignement absolu que mettent les institutrices à conduire leurs élèves au lieu de la réunion des citoyens. Il faut être vrai; jusques à ce qu'on aura préparé, dans ces locaux, un asile pour les jeunes personnes, la mère de famille craindra que sa fille y paraisse, avec ses nombreuses compagnes, sous la conduite d'une institutrice qui ne voit ni n'entend pas tout. Les jeunes gens eux-mêmes ne sont pas encore assez pénétrés des égards dus à un sexe différent du leur et du respect dû à l'Assemblée devant laquelle ils se trouvent, pour ne pas manquer à l'un et à l'autre. Citoyen ministre, le devoir imposé par la loi est précis et formel, les inconvénients sont graves; on pourrait les dissiper avec le temps et la bonne volonté des administrations municipales; la plupart ne veulent pas les voir et ne prennent pas les moyens d'y remédier en portant plus d'intérêt et de zèle à ces fêtes qu'ils célèbrent par manière d'acquit. »

verra avec bien plus de plaisir dans votre exactitude, un garant assuré de l'intérêt que vous prenez aux succès des mesures adoptées par le gouvernement pour activer l'instruction républicaine.

C'est le cas de vous rappeler ici, citoyens, les dispositions des arrêtés du Directoire exécutif des 27 brumaire dernier et 17 pluviôse suivant (1) concernant l'enseignement public. Nous espérons qu'il suffira de cette admonition pour vous engager à les remplir régulièrement et à nous tenir informés de l'état des écoles de votre ar-

(1). Nous avons reproduit plus haut l'arrêté du 27 brumaire an VI. Voici les deux premiers articles de l'arrêté du 17 pluviôse :

Art. 1er. — Toutes les écoles particulières, maisons d'éducation et pensionnats sont et demeurent sous la surveillance spéciale des administrations municipales de chaque canton.

En conséquence, chaque administration municipale est tenue de faire, au moins une fois chaque mois, et à des époques imprévues, la visite des dites maisons qui se trouvent dans son arrondissement, à l'effet de constater :

1° Si les maîtres particuliers ont soin de mettre entre les mains de leurs élèves, comme base de la première instruction, les Droits de l'homme, la Constitution, et les livres élémentaires qui ont été adoptés par la Convention ;

2° Si l'on observe les décadi; si l'on y célèbre les fêtes républicaines, et s'y l'on s'y honore du nom de citoyen ;

rondissement et des progrès de l'éducation publique.

Il sera bien doux pour nous de n'avoir désormais que des éloges à donner à votre exactitude dans cette partie essentielle des fonctions publiques que la loi vous confie.

Nous chargeons spécialement, Citoyens, le Président de votre administration de l'exécution des mesures que nous venons de vous prescrire; sa responsabilité personnelle y est engagée.

Cette fois les municipalité répondirent assez exactement; deux mois plus tard, elle faisaient parvenir à l'Administration du département les états qui leur étaient demandés.

3° Si l'on donne à la santé des enfants tous les soins qu'exige la faiblesse de leur âge; si la nourriture est propre et saine; si les moyens de discipline intérieure ne présentent rien qui tende à avilir et à dégrader le caractère; si les exercices enfin y sont combinés de manière à développer le plus heureusement possible les facultés physiques et morales.

Art. 2. — Les membres des administrations municipales choisis et nommés par elles pour procéder à ces visites dans leurs arrondissements respectifs, s'adjoindront un membre au moins du jury d'instruction publique; et ils seront toujours accompagnés du commissaire du Directoire exécutif près chaque administration municipale de canton.

Il résulte de ces états que sur 488 communes (1) qui existaient alors dans notre département, 85 seulement possédaient des écoles primaires. Ces écoles, au nombre de 216, dont 132 de garçons, 56 de filles et 28 mixtes, avaient une population totale de 4669 élèves, qui se répartissaient en 2444 garçons, 1028 filles et 597 élèves des deux sexes fréquentant les écoles mixtes.

Sur ces 216 écoles, 64 seulement étaient dirigées par des instituteurs publics et 152 étaient particulières.

Les premières se divisaient en 56 écoles de garçons ayant une population de 1418 élèves et 8 écoles de filles avec une population de 179 élèves. Les instituteurs et institutrices des écoles publiques étaient presque toujours logés dans des bâtiments nationaux.

(3). Nous avons dit plus haut que le département du Lot, en dehors de sa circonscription actuelle, embrassait encore l'arrondissement de Montauban.

Les écoles particulières comprenaient 76 écoles de garçons (1626 élèves), 48 écoles de filles (849 élèves) et 28 écoles mixtes (597 élèves).

Tels étaient les résultats obtenus; peut-être paraîtront-ils peu importants, en présence du nombre relativement grand aujourd'hui de nos écoles et de la population qui les fréquente; si cependant on considère les difficultés énormes contre lesquelles les courageux organisateurs de l'instruction primaire étaient venus se heurter, si on considère le peu de ressources dont ils disposaient, l'inertie des administrations municipales, l'indifférence ou le mauvais vouloir des populations, on ne tardera pas à se convaincre que le pas le plus important était fait, que l'instruction primaire venait enfin de prendre rang au milieu de nos institutions les plus utiles, et que, constituée désormais, il ne lui restait plus qu'à gagner peu à peu de nouveaux adhérents en faisant apprécier à tous les nombreux bienfaits dont elle est la source.

FIN

EN VENTE A LA MÊME LIBRAIRIE

L. AYMA. — *Histoire des Évêques de Cahors*, t. de G. de Lacroix, 2 vol. in-8..... 12 »

M.-J. BAUDEL et J. MALINOWSKI.— *Histoire de l'université de Cahors*. 1 vol. in-8.. 6 »

M.-J. BAUDEL. — *Étude sur François Roaldès, docteur régent de l'Université de Cahors (1519-1589)*. Broch. in-8 (1877).. 0 50

M.-J. BAUDEL. — *Notice historique sur l'Université de Cahors*. Broch. in-8 (1876).. 1 »

E. CASTAGNÉ. — Mémoires sur les ouvrages de fortifications des *Oppidum gaulois de Murcens, d'Uxellodunum* et de l'*impernal*, situés dans le département du Lot, ouvrage orné de planches coloriées. 1 vol. in-8 (1876).................... 5 »

E. CASTAGNÉ. — *Notice sur les voies romaines du département du Lot*. Broch. in-8. (1877).. 1 50

E. CASTAGNÉ. — *Mémoire sur le camp des Césarines près de la ville de St-Céré (Lot)* Broch. in-8 (1877).. 1 50

L. COMBARIEU. — *Assemblées des sénéchaussées du Quercy pour l'élection des députés aux États généraux de 1789*. 1 beau vol in-8.................... 7 »

L. COMBARIEU. — *Le Département du Lot avant 1789* (notice). Brochure in-8........ 0 50

L. COMBARIEU et F. CANGARDEL.— *Charte des coutumes de Cajarc*. Broch. in-8 (1879) 1 »

L. COMBARIEU. — *Dictionnaire des communes du département du Lot*, précédé d'une *Introduction sur le département avant et après 1789*. 1 beau vol. in-8, orné d'une carte (1880). Broché .... 5 »

L. COMBARIEU. — *Une ville du Quercy pendant la guerre de cent ans*, broch. in-8°. 0 75

L. COMBARIEU et F. CANGARDEL. — *Gourdon et ses seigneurs du Xe au XIVe siècle*. Broch. in-8°.. 1 »

M. A. COMBES. — *Étude statistique sur la population du Lot*, brochure in-8°...... 0 60

M. COURTIL. — *La garde mobile du Lot et la 3e division du 17e corps*. 1 vol. in-8 de 274 pages, orné d'une carte (1879).................................... 2 »

J.-A. DELPON. — *Statistique du département du Lot*. 2 vol. in-4 (1831)............ 10 »
(En vente les derniers exemplaires).

E. DUFOUR. — *Études historiques sur le Quercy (hommes et choses)*. 1 vol. in-8 (1864) 3 »

E. DUFOUR. — *Étude sur l'Assemblée provinciale de la Haute-Guyenne*, vol. in-8°. Imprimé titre rouge et noir et fleurons...................................... 3 »

DAYMARD. — *Les vieux chants populaires du Quercy*. 1 vol. (en préparation)....... » »

P. DE FONTENILLES. — *Trois évêques à Cahors en 1368*. Broch. grand in-8°........ 1 »

P. DE FONTENILLES.— *Le pont Valentré à Cahors* (notice historique et archéologique). 1 vol. in-8 orné de 3 planches.. 2 »

C. FRANC. — *Un proscrit de décembre*. Brochure in-18 (1871)...................... 0 50

P. GOUT. — *Histoire et description du Pont de Valentré à Cahors*. 1 vol. in-8, orné de 8 gravures dessinées par l'auteur.. 2 »

A. HÉRETIÉ (l'abbé). — *Fables et poésies patoises*, 1re partie, in-8°............ 1 25

AD. JOANNE. — *Géographie du Lot (1879)*. 1 vol. in-12, orné de 8 gravures et d'une carte coloriée. Cart... 1 »

ROCHÈRE (E. DE LA). — *Les Châtelaines de Roussillon ou le Quercy au XVIe siècle*. 1 vol. in-18, orné de 6 gravures. Broché.......................... 1 25

J. MALINOWSKI. — *Petit guide du voyageur dans Cahors et ses environs*. Broch. in-18. 0 50

REY. — *Monographie de la commune de Castelfranc*. Broch. in-8 (1880)............ 0 75

Un grain de bon sens (par un Quercynois), pièces en vers patois, brochure in-8°...... 0 60

Cahors : Imp. F. Delpérier

www.ingramcontent.com/pod-product-compliance
Ingram Content Group UK Ltd.
Pitfield, Milton Keynes, MK11 3LW, UK
UKHW021152220726
13924UKWH00003B/1118

9 782019 982980